AJATUKSIA ELÄMÄN AUTIOPAIKALTA

TANKAR FRÅN LIVETS OSYNLIGA PLATS

REFLECTIONS FROM BEHIND THE SCENES OF LIFE

BETRACHTUNGEN HINTER DEN KULISSEN DES LEBENS

Janet Danielsson

© 2024 Janet Danielsson

Kustantaja: BoD · Books on Demand GmbH, Helsinki, Suomi

Kirjapaino: Libri Plureos GmbH, Hampuri, Saksa

ISBN: 978-952-80-8486-0

Aivan aluksi.

Kirja on omistettu pojalleni Maxille, joka on joutunut kuuntelemaan mielipiteitäni asioista matkallaan aikuisuuteen sekä isälleni, Ingmar Danielssonille niistä elämänohjeista, jotka olen näin jalostanut omiksi versioikseni.
Rakkaimmat kiitokset suuresta tuesta kuuluvat Tuulalle, Eijalle, Saaralle, Ritvalle, Sadulle, Förrelle, Lenzulle, Veli-Pekalle ja Patricialle. Kiitos, että olette jaksaneet kuunnella, ymmärtää ja tukea sekä haastaa, olla läsnä ja kannustaa. Ei vain tämän vaatimattoman kirjasen vuoksi vaan ihan koko matkan umpikorvesta metsäpolulle.

***

Ajatuksia syntyy joka päivä.
Useimmat syntyvät vuorovaikutuksessa toisiin ihmisiin tai asioihin. Ajatuksemme ovat ainutkertaisia ja henkilökohtaisia. Tämä kirjanen esittelee allekirjoittaneen ajatuksia tällä hetkellä. Huomenna syntynee taas uusia.

Kiitos jo nyt ajastasi.

Först och främst.

Boken är tillägnad min son Max som har tvingats att höra mina åsikter om saker på sin väg till vuxenheten samt min far Ingmar Danielsson för de livslärdomar som jag nu har förädlat till mina egna versioner.

Ett kärt tack för ett stort stöd går till Tuula, Eija, Saara, Ritva, Satu, Förre, Lenzu, Veli-Pekka och Patricia. Tack för att ni har orkat lyssna, förstå och stöda samt utmana, närvara och uppmuntra. Inte bara för den här anspråkslösa boken utan under hela resan från en ogenomtränglig skog till en skogsstig.

**

Tankar föds varje dag.

De flesta föds i växelverkan med andra människor eller händelser. Våra tankar är unika och personliga. I den här lilla boken framgår undertecknads tankar just nu. I morgon föds det troligtvis nya.

Tack redan nu för din tid.

So let's get this straight.

The book is dedicated to my son Max, who had to listen to my opinion on his way to adulthood, and to my father Ingmar Danielsson for the life advice that I have refined into my own versions.
My deepest gratitude for their great support goes to Tuula, Eija, Sara, Ritva, Sadu, Førre, Lenzu, Veli-Pekka and Patricia. Thank you for listening, understanding, supporting, challenging, participating and encouraging. Not just for this humble little book, but for the whole journey from a pathless forest to a forest path.

***

Thoughts are born every day.

Most are born in interaction with other people or events. Our thoughts are unique and personal. This little book contains yours truly's thoughts right now. Tomorrow, new ones will probably be born.

Thank you already now for your time.

Um es vorweg zu nehmen.

Das Buch ist meinem Sohn Max gewidmet, der sich auf seinem Weg zum Erwachsenwerden meine Meinung anhören musste, und meinem Vater Ingmar Danielsson für die Lebensratschläge, die ich so zu meinen eigenen Versionen verfeinert habe.

Mein tiefster Dank für ihre großartige Unterstützung gilt Tuula, Eija, Sara, Ritva, Sadu, Førre, Lenzu, Veli-Pekka und Patricia. Danke fürs Zuhören, Verstehen, Unterstützen, Herausfordern, Dabeisein und Ermutigen. Nicht nur für dieses bescheidene Büchlein, sondern für die ganze Reise von einem unwegsamen Wald zu einem Waldpfad.

***

Gedanken werden jeden Tag geboren.

Die meisten entstehen in der Interaktion mit anderen Menschen oder Ereignissen. Unsere Gedanken sind einzigartig und persönlich. Dieses kleine Buch enthält die Gedanken von mir, der Verfasserin in diesem Augenblick. Morgen werden wahrscheinlich neue geboren werden.

Ich danke Ihnen schon jetzt für Ihre Zeit.

Ihminen syntyy perustunteiden kanssa - uskon, toivon ja rakkauden. Muut tunteet tarjoaa elämä - ja sinä valitset mitä niistä kasvatat.

Människan föds med grundkänslorna - tro, hopp och kärlek. Ytterligare känslor bjuder livet på och - du väljer vilka av dem du låter växa.

You are born with basic emotions - faith, hope and love. The other emotions are provided by life and you choose what you grow from them.

Du wirst mit grundlegenden Gefühlen geboren - Glaube, Hoffnung und Liebe. Die anderen Emotionen werden vom Leben zur Verfügung gestellt, und du wählst aus, was du daraus wachsen lässt.

IHMINEN SYNTYY PERUSTUNTEIDEN KANSSA — USKON, TOIVON JA RAKKAUDEN. MUUT TUNTEET TARJOAA ELÄMÄ JA SINÄ VALITSET MITÄ NIISTÄ KASVATAT.

Tärkeimpiä ovat elämässäsi ihmiset, jotka ovat valinneet sinut.

De viktigaste människorna i ditt liv är de, som har valt dig.

Most important in your life are the people who chose you.

Das Wichtigste in deinem Leben sind die Menschen, die dich ausgewählt haben

Tärkeimpiä ovat
elämässäsi ihmiset
- jotka ovat valinneet
sinut.

Se miten kohtelet itseäsi, näyttää sen, miten sinua saa kohdella.

Som du behandlar dig själv visar, hur man får behandla dig.

How you treat yourself shows how others can treat you.

Wie du dich selbst behandelst, zeigt, wie andere dich behandeln können.

Se miten kohtelet itseäsi, näyttää sen miten sinua saa kohdella

Avoimuus on ase, jolla viet vihollisiltasi mahdollisuuden löytää heikot kohtasi.

Öppenhet är ett vapen som omöjliggör att dina fiender hittar dina svaga punkter.

Openness is a weapon to deprive your enemies of the chance to find your weak points.

Offenheit ist eine Waffe, mit der du deinen Feinden die Möglichkeit nimmst, deine Schwachstellen zu finden.

Avoimuus on ase jolla viet viholliseltasi mahdollisuuden löytää heikot kohtasi.

Kaikki se hyvä mitä sanot ja annat toisille - palaa takaisin ja jää asumaan sydämeesi.

Allt det goda som du säger och ger åt andra - kommer tillbaka och bosätter sig i ditt hjärta.

All the good things you say and give to others - come back and live in your heart.

All das Gute, das du anderen sagst und gibst, kommt zurück und lebt in deinem Herzen.

Kaikki se hyvä mitä sanot
ja annat toisille ja jää
palaa takaisin
asumaan sydämeesi.

Mikäli kävelet aina valmista polkua, et saa tietää, millainen olisi omasi.

Om du alltid väljer en färdig stig, får du inte veta hurudan din egen skulle vara.

If you always walk a prepared path, you will never know what yours would be.

Wenn du immer einen vorbereiteten Weg gehst, wirst du nie wissen, wie dein eigener Weg aussehen würde.

MIKÄLI KÄVELLET AINA VALMISTA POLKUA ET SAA TIETÄÄ MILLAINEN OLISI OMASI.

Opi erottamaan esteet, jotka pitää ylittää niistä, jotka kannattaa kiertää.

Lär dig att skilja mellan hinder som måste överskridas och hinder som lönar sig att kringgås.

Learn to distinguish between obstacles to cross and obstacles to avoid.

Lerne zu unterscheiden zwischen Hindernissen, die du überqueren musst, und Hindernissen, die du vermeiden musst.

Opi erottamaan esteet, jotka pitää ylittää, niistä, jotka kannattaa kiertää.

Rakkauden kokeminen ei edellytä vastarakkautta.

Att uppleva kärlek förutsätter inte att kärleken besvaras.

Experiencing love does not require love in return.

Liebe zu erfahren erfordert keine Gegenliebe.

RAKKAUDEN KOKEMINEN EI EDELLYTÄ VASTARAKKAUTTA.

Elämä on jaksoista koostuva kehä. Tee jokaisesta jaksosta paras versio ja ole hyvä kohtaamillesi ihmisille – monet tulevat vastaan uudelleen.

Livet är en krets av perioder. Gör av varje period den bästa versionen, och var god mot människorna du möter – många av dem möter du på nytt.

Life is a circle of cycles. Make the best of each cycle and be good to the people you meet – you will meet many of them again.

Das Leben ist ein Kreis aus Zyklen. Mache das Beste aus jedem Zyklus und sei gut zu den Menschen, denen du begegnest – du wirst vielen wieder begegnen

Elämä on jaksoista
koostuva kehä.
Tee jokaisesta jaksosta
paras versio ja ole
hyvä kohtaamillesi
ihmisille
– monet tulevat
vastaan uudestaan.

Ainoa, joka pitää sinusta aina huolta – olet sinä itse.

Den enda, som alltid tar hand om dig - är du själv.

The only one who will always take care of you - is you.

Die einzige Person, die sich immer um dich kümmern wird, bist du selbst.

Ainoa joka pitää sinusta aina huolta - olet sinä itse.

Mikään istuttamasi hyvä ei kasva, jos et itse usko siihen.

Ingen planterad godhet växer, om du inte tror på det.

Nothing that you plant will grow, if you don't believe in it.

Nichts, was du sähst, wird wachsen, wenn du nicht daran glaubst.

Jokainen este elämässä on niin korkea, kuin oma mielikuvasi siitä.

Varje hinder i livet är så högt, som du föreställer dig.

Every barrier in life is as high as your own perception of it.

Jede Hürde im Leben ist nur so hoch wie deine eigene Wahrnehmung diese macht

"Jokainen este elämässä on niin korkea, kuin oma mielikuvasi siitä."

"Ota vaan sen verran, kuin jaksat kantaa".

"Ta endast så mycket som du orkar bära".

Just take as much as you can carry.

Nimm einfach nur so viel wie du tragen kannst.

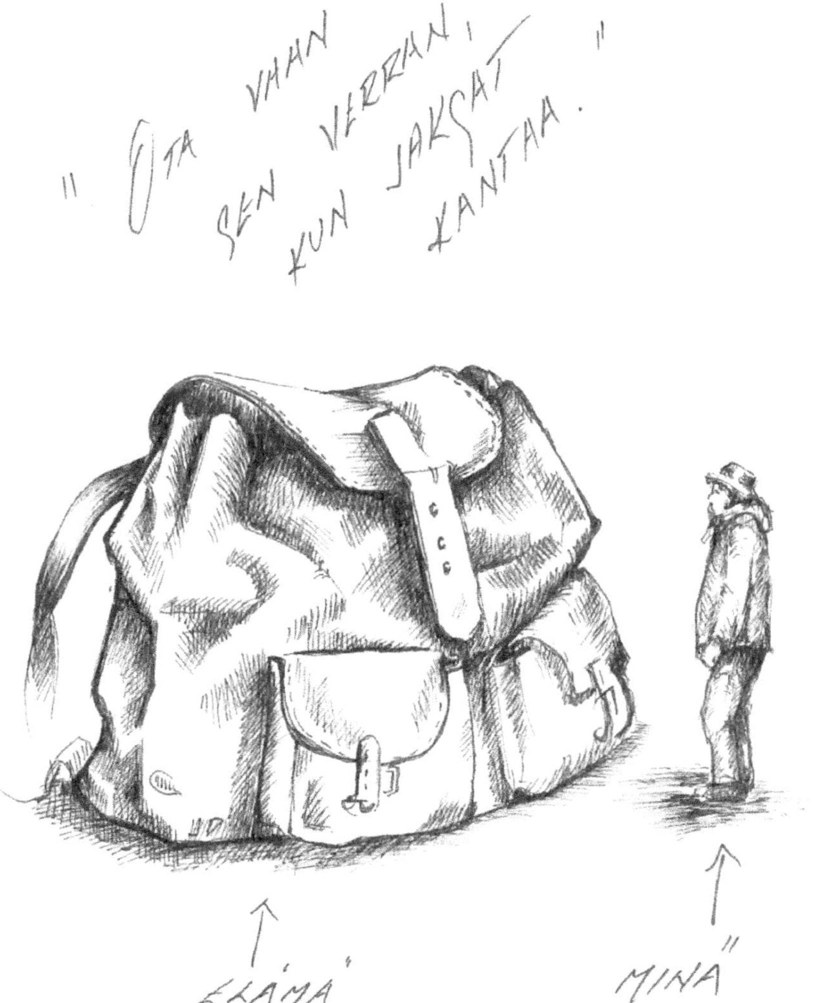
"OTA VAAN SEN VERRAN, KUN JAKSAT KANTAA."
ELÄMÄ
MINÄ

Mikäli tunnet itsesi aina pieneksi – olet väärässä seurassa.

Om du alltid känner dig liten – då är du i fel sällskap.

If you are always feeling small - you're in the wrong company.

Wenn du dich immerzu unbedeutend fühlst, bist du in falscher Gesellschaft.

Naamarin voit vaihtaa - et persoonaa sen takana.

En mask kan du byta - inte personen bakom den.

You can change the mask - not the person behind it.

Du kannst die Maske ändern, aber nicht die Person dahinter.

Kukin valintasi on omalla vastuullasi.

Varje val du gör är på ditt ansvar.

Each choice you make is your own responsibility.

Jede Entscheidung, die du triffst, liegt in deiner eigenen Verantwortung.

Elämästään ei pidä valittaa, koska sinä olet tehnyt käsikirjoituksen.

Klaga inte över ditt liv, du har själv skrivit manuset.

You should not complain about your life because you write the script.

Du solltest dich nicht über dein Leben beschweren, denn du schreibst dein Drehbuch selbst.

"Elämästään ei pidä valittaa, koska sinä olet tehnyt käsikirjoituksen"

Jätämme monenlaisia jälkiä, mutta tärkein jälki on se, missä on paljas kosketus.

Vi lämnar mångahanda spår, men det viktigaste spåret är bar beröring.

We leave all kinds of imprints, but the most important imprint is the one where there is a pure touch.

Wir hinterlassen Spuren, aber die wichtigsten Spuren sind die, die durch eine pure Berührung zustande kommen.

Jätämme monenlaisia "jälkiä", mutta tärkein jälki on se, missä on paljas kosketus

Kohtaa ihmiset omalta tasoltasi. Heillä - jotka menevät ohi - ei ole merkitystä.

Bemöt människor på din egen nivå. De som passerar förbi har ingen betydelse.

Meet people on your own level. They - the ones who pass you by - don't matter.

Begegne den Menschen auf deinem Level. Die, die an dir vorbeigehen, spielen keine Rolle.

Kohtaa ihmiset omalta tasoltasi. "Heillä" – jotka menevät ohi – "ei ole merkitystä"

Äitiys on jokapäiväinen noppapeli - ilman ohjeita.

Moderskapet är ett dagligt tärningsspel – utan regler.

Motherhood is a daily game throwing dice that came without instructions.

Muttersein ist ein tägliches Würfelspiel, das ohne Anleitung kam.

"ÄITIYS ON JOKA PÄIVÄINEN NOPPAPELI ILMAN OHJEITA"

Usein ajatus hyppäämisestä on pelottavampaa, kuin itse hyppääminen.

Tanken på att hoppa är ofta mera skrämmande än själva hoppandet.

Often the thought of jumping is scarier than the actual jump.

Oft ist der Gedanke an den Sprung beängstigender als der eigentliche Sprung.

Usein ajatus hyppäämisestä on pelottavampaa kuin itse hyppääminen

Huomioi, että valitsemalla pienemmän "kassin" pääset helpommalla, mutta valitsemalla raskaamman - saat arvotusta.

Tänk på att genom att välja den lättare "bördan" slipper du lättare undan, men väljer du den tyngre - får du uppskattning.

Keep in mind that by choosing the lighter "bag", you get off easier, but if you choose the heavier one - you will get appreciation.

Denk daran, dass du mit der leichteren „Tasche" einfacher davonkommst, aber wenn du die schwerere wählst, bekommst du Anerkennung.

Huomioi, että valitsemalla pienemmän "kassin" pääset helpommalla, mutta valitsemalla raskaamman — saat arvostusta

Joku on ylpeä siitä, että kantaa oman reppunsa.
Toinen siitä, että saa toisen kantamaan. Valitse
ystäväsi.

Någon är stolt över att bära sin egen börda.
Någon av det att få en annan att bära. Välj dina
vänner.

Someone is proud to carry their own backpack.
Another is proud to make someone else carry it.
Choose your friend.

Jemand ist stolz darauf, seinen eigenen Rucksack zu
tragen. Ein anderer ist stolz darauf, ihn von jemand
anderem tragen zu lassen. Wähle deinen Freund.

Joku on ylpeä siitä, että kantaa oman reppunsa.
Toinen siitä, että saa toisen kantamaan.
Valitse ystäväsi.

Jokaisessa maisemassa on "roskakori" ja "aurinko". Sinä päätät, kumpaa katsot.

I varje landskap finns en "skräphög" och en "sol". Du bestämmer vilkendera du tittar på.

Every landscape has a "trash bin" and a "sun". You decide which one to look at.

Jede Landschaft hat eine „Müllonne" und eine "Sonne". Du entscheidest, welche du dir ansiehst.

Jokaisessa maisemassa on "roskakori" ja "aurinko". Sinä päätät kumpaa katsot.

Älä ikinä aseta itseäsi tilanteeseen, josta et pääse pois.

Ställ dig aldrig i en situation, som du inte slipper bort ifrån.

Never put yourself in a situation you can't get out of.

Bringe dich nie in eine Situation, aus der du nicht mehr herauskommst.

"Älä ikinä aseta itseäsi tilanteeseen, mistä et pääse pois."

Ihmisten välinen luottamus on valintaan perustuva jakso. Ihmisen ja lemmikin välillä se on elämän pituinen.

Förtroendet mellan människor grundar sig på periodiskt val. Mellan människa och djur är det livslångt.

Trust between people is a matter of time. Between a person and a pet, on the other hand, it lasts a lifetime.

Vertrauen zwischen Menschen ist eine Frage der Zeit. Zwischen einem Menschen und einem Haustier hingegen ist es ein Leben lang.

IHMISTEN VÄLINEN LUOTTAMUS ON VALINTAAN PERUSTUVA JAKSO. IHMISEN JA LEMMIKIN VÄLILLÄ SE ON ELÄMÄN PITUINEN.

Tärkeimmät asiat asuvat hiljaisuudessa ja ihmisessä, jonka vierellä hiljaisuus asuu.

De viktigaste sakerna bor i tystheten och i en människa vid vars sida tystheten bor.

The most important things live in silence and in a person by whose side silence lives.

Die wichtigsten Dinge leben in der Stille und in einem Menschen, an dessen Seite die Stille lebt.

Tärkeimmät asiat asuvat hiljaisuudessa. Ja ihmisessä jonka vierellä hiljaisuus asuu.

Keskittymällä ääneen, jätät puolet tarinasta kuulematta.

Koncentrerar du dig på rösten, lyssnar du bara på hälften av berättelsen.

If you only concentrate on what you hear, you miss half the story.

Wenn man sich nur auf das konzentriert, was man hört, verpasst man die Hälfte der Geschichte.

KESKITTYMÄLLÄ ÄÄNKEN JÄTÄT PUOLET TARINASTA KUULEMATTA.

Asiat toistavat itseään niin kauan, kuin sinä toistat itseäsi.

Sakerna upprepar sig så länge du upprepar dig.

Things keep repeating themselves as long as you keep repeating yourself.

Die Dinge wiederholen sich so lange, wie du dich selbst wiederholst.

ASIAT TOISTAVAT ITSEÄÄN
NIIN KAUAN, KUN SINÄ
TOISTAT ITSEÄSI.

Valitse tarkoin kenen puolesta taistelet muuten voit päätyä seisomaan yksin "puukko selässäsi".

Välj noga vem du kämpar för, annars kan du hamna att stå ensam "med kniven i ryggen".

Choose carefully who you fight for, or you could end up alone with a knife in your back.

Wähle sorgfältig aus, für wen du kämpfst, oder du könntest am Ende allein mit einem Messer im Rücken dastehen.

"VALITSE TARKOIN KENEN PUOLESTA TAISTELET MUTEN VOIT PÄÄTYÄ SEISOMAAN YKSIN "PUUKKO SELÄSSÄSI"

Mikäli huomioit vain tuntemasi merkit – et ikinä näe kokonaiskuvaa.

Om du endast beaktar tecken du känner - ser du aldrig helhetsbilden.

If you only look at the signs you already know - you'll never see the big picture.

Wenn du nur auf die Zeichen achtest, die schon bekannt sind, wirst du nie das große Ganze sehen.

Arvokkain on ystävä, joka kulkee vierelläsi elämän mittaisen matkan ja kasvaa ja muuttuu mukanasi - tai ainakin pysyy ulottuvillasi.

Värdefullast är vännen som går bredvid dig en livslång väg och växer och förändras med dig - eller åtminstone hålls nära dig.

The most valuable friend is one who stays by your side for a lifetime, grows and changes with you - or at least stays within your reach.

Am wertvollsten ist ein Freund, der ein Leben lang an deiner Seite ist, mit dir wächst und sich verändert - oder zumindest in deiner Reichweite bleibt.

ARVOKKAIN ON YSTÄVÄ
JOKA KULKEE VIERELLÄSI
ELÄMÄN MITTAISEN MATKAN
JA KASVAA JA MUUTTUU MUKANASI
TAI AINAKIN PYSYY ULOTTUVILLASI

Yritä elää niin, että sinun ei tarvitse piilottaa salaisuuksia, eikä keksiä valheita.

Försök leva så att du inte behöver dölja hemligheter eller hitta på lögner.

Try to live in such a way that you don't have to hide secrets or make up lies.

Versuche, so zu leben, dass du keine Geheimnisse verbergen oder Lügen erfinden musst.

Yritä elää niin, että sinun ei tarvitse piilottaa salaisuuksia eikä keksiä valheita.

Sinne minne kannat kaiken vihan, surun ja tuskan – kanna myös ilo, onni ja nauru. Muuten ystävyys muuttuu kaatopaikaksi.

Dit du bär hat, sorg och lidande - bär dit också glädje, lycka och skratt - annars förvandlas vänskapen till en avstjälpningsplats.

Where you carry hate, sorrow and suffering - carry joy, happiness and laughter there too - otherwise friendship becomes a dump.

Wo du Hass, Kummer und Leid mit dir herumträgst, da trage auch Freude, Glück und Lachen mit dir - sonst wird Freundschaft zur Müllhalde.

SINNE MINNE KANNAT KAIKEN
VIHAN, SURUN JA TUSKAN
- KANNA MYÖS ILO, ONNI JA NAURU,
MUUTEN YSTÄVYYS MUUTTUU
KANTOPAIKAKSI

Tie on kivinen aina, mikäli ei tyhjennä omia kenkiään hiekasta ja sorasta.

Vägen känns alltid stenig, om du inte tömmer sanden och gruset från dina skor.

The road will always be rocky unless you empty sand and gravel from your shoes.

Die Straße wird immer steinig sein, es sei denn, man leert den Sand und den Kies aus den Schuhen.

Tie on kivinen aina, mikäli ei tyhjennä omia kenkiään hiekasta ja sorasta.

Sen jälkeen, kun petyt toiseen ihmiseen, tulet näkemään hänessä hyvää vain sen pienen osan, joka näkyy pettymyksen takaa.

Efter att du blivit besviken på någon, ser du gott i honom endast den lilla del, som syns bakom besvikelsen.

After you have been disappointed by someone, you will see only the small part of good in them that is still visible behind the disappointment.

Wenn du von jemandem enttäuscht worden bist, wirst du nur den kleinen Teil des Guten in dieser Person sehen, der noch hinter der Enttäuschung sichtbar ist.

Sen jälkeen, kun petyt toiseen ihmiseen, tulet näkemään hänessä hyvää. Vain sen pienen osan, joka näkyy pettymyksen takaa.

Ystävyydessä mikään ei ole vaikeampaa ja tärkeämpää kuin tasapaino.

I vänskapen är ingenting svårare och viktigare än balansen.

In friendship, nothing is more difficult and important than balance.

In der Freundschaft ist nichts schwieriger und wichtiger als das Gleichgewicht.

Ystävyydessä mikään ei ole vaikeampaa ja tärkeämpää kuin tasapaino.

Muista kantaa vain se määrä kuormaa, joka ei murra sinua.

Kom ihåg att endast bära en mängd av börda, som inte får dig att knäckas.

Remember to carry only the amount of load that doesn't break you.

Denk daran, nur so viel Last zu tragen, dass du nicht daran zerbrichst.

Muista kantaa vain se
määrä kuormaa, joka
ei murra sinua.

Se ei ole tärkeää, miten muut määrittelevät sinut - vaan se - miten sinä määrittelet itsesi.

Viktigt är inte hur andra definierar dig - viktigt är hur du definierar dig själv.

It's not how others define you that matters - it's how you define yourself.

Es kommt nicht darauf an, wie andere dich definieren - es kommt darauf an, wie du dich selbst definierst.

"SE EI OLE TÄRKEÄÄ MITEN MUUT MÄÄRITTELEVÄT SINUT – VAAN SE – MITEN SINÄ MÄÄRITTELET ITSESI"

Kärsimättömyys syntyy kyvyttömyydestä uskoa asioiden oikeasti tapahtuvan.

Otålighet föds genom oförmågan att tro på att saker verkligen händer.

Impatience comes from the inability to believe that things are really happening.

Ungeduld kommt von der Unfähigkeit daran zu glauben, dass die Dinge wirklich geschehen.

KÄRSIMÄTTÖMYYS SYNTYY KYVYTTÖMYYDESTÄ USKOA ASIOIDEN OIKEASTI TAPAHTUVAN.

Kaikille et riitä. Joillekin olet liikaa. Sinussa ei silti ole vikaa. Kaikki palat eivät vain sovi yhteen.

Du är inte nog för alla. För somliga är du för mycket. Det är ändå inget fel på dig. Alla bitar passar bara inte ihop.

Not for everyone, you are enough. You're too much for some. But there's nothing wrong with you. All the pieces just don't fit together.

Du bist nicht für jeden genug. Für manche bist du zu viel. Aber mit dir ist alles in Ordnung. Es passen einfach nicht alle Teile zusammen.

Kaikille et riitä.
Joillekin olet liikaa.
Sinussa ei silti ole vikaa.
Kaikki palat eivät vain sovi yhteen.

Ihminen käyttää elämässä eniten aikaa oman epävarmuutensa peittämiseen.

Människan använder i sitt liv mest tid till att dölja sin osäkerhet.

People spend most of their lives hiding their own insecurity.

Die Menschen verbringen die meiste Zeit ihres Lebens damit, ihre eigene Unsicherheit zu verbergen.

IHMINEN KÄYTTÄÄ ELÄMÄSSÄ ENITEN AIKAA OMAN EPÄVARMUUTENSA PIILOTTAMISEEN.

Joskus ihmisen pitää tippua kaivoon päästäkseen pois väärästä maaperästä.

Någon gång måste människan falla i brunnen för att komma bort från fel mark.

Sometimes you have to fall into a well to leave the wrong ground.

Manchmal musst du in den Brunnen fallen, um den falschen Boden zu verlassen.

Joskus ihmisen pitää tippua kaivoon "säästääkseen" pois väärästä "maaperästä".

Me synnymme matkalaukussa ja kuolemme matkalaukkuun, mutta siinä välissä meidän pitäisi kantaa sitä itse.

Vi föds i en kappsäck och dör i en kappsäck men däremellan bör vi själv bära den.

We are born in a suitcase and we die in a suitcase, but in between we should carry it ourselves.

Wir werden in einem Koffer geboren und wir sterben in einem Koffer, aber dazwischen sollten wir ihn selbst tragen.

ME SYNNYMME MATKALAUKKUUN
JA KUOLEMME MATKALAUKUSSA,
MUTTA SIINÄ VÄLISSÄ MEIDÄN PITÄISI
KANTAA SITÄ ITSE.

Se joka olit eilen ei määrittele sitä, joka voit olla tänään.

Den du var i går definierar inte den du kan vara i dag.

Who you were yesterday does not define who you can be today.

Wer du gestern warst, bestimmt nicht, wer du heute sein kannst.

SE JOKA OLIT EILEN
EI MÄÄRITTELE SITÄ,
JOKA VOIT OLLA TÄNÄÄN.

Sano ääneen kaikki se hyvä mitä toisesta ajattelet. Heti. Silloin et ikinä myöhästy.

Säg högt allt det goda som du tänker om en annan. Genast. Då försenar du dig aldrig.

Say out loud all the good things you think about the other person. Right now. Then you'll never be too late.

Sprich laut all die guten Dinge aus, die du über die andere Person denkst. Und zwar jetzt sofort. Dann wirst du nie zu spät kommen.

SANO ÄÄNEEN KAIKKI SE HYVÄ MITÄ TOISESTA AJATTELET. HETI. SILLOIN ET IKINÄ "MYÖHÄSTY".

On helpompaa säilyttää luottamus, kun rakentaa se uudestaan.

Det är lättare att bevara förtroendet än att bygga upp det på nytt.

It is easier to maintain trust than to rebuild it.

Es ist leichter, Vertrauen aufrechtzuerhalten als es wiederherzustellen.

On helpompaa säilyttää
luottamus, kun rakentaa
se uudestaan.

Se mitä apua haluat antaa – ei ole välttämättä se apu – mitä henkilö tarvitsee.

Hjälpen du vill ge är inte nödvändigtvis den hjälp personen behöver.

The help you want to give - is not necessarily the help - the person needs.

Die Hilfe, die du geben willst, ist nicht unbedingt die Hilfe, die die Person braucht.

SE MITÄ APUA HALUAT ANTAA — EI OLE VÄLTTÄMÄTTÄ SE APU — MITÄ HENKILÖ TARVITSEE

Sinun arviosi toisen elämästä kertoo sinun arvoistasi - ei toisen ihmisen elämästä.

Din uppskattning av en annans liv berättar om dina värderingar - inte om den andras liv.

Your assessment of someone else's life is about your own values - not about the other person's life.

Deine Bewertung des Lebens einer anderen Person hat mit deinen Werten zu tun - nicht mit dem Leben der anderen Person.

SINUN ARVIOSI TOISEN ELÄMÄSTÄ
KERTOO SINUN ARVOISTASI,
EI SEN TOISEN IHMISEN ELÄMÄSTÄ.

Ihminen voi kerätä tietoa koko elämänsä, mutta syntymän, kuoleman ja synnytyksen hetkinä – hän on aina uuden edessä.

Människan kan samla kunskap under hela sitt liv, men vid födelsens, dödens och födselns stunder står hon alltid inför det nya.

You can accumulate knowledge all your life, but at the moment of birth, death and childbirth - you are always faced with something new.

Man kann sein ganzes Leben lang Wissen anhäufen, aber im Moment der Geburt, des Todes und der Kindsgeburt wird man immer mit etwas Neuem konfrontiert.

IHMINEN VOI KERÄTÄ TIETOA
KOKO ELÄMÄNSÄ, MUTTA SYNTYMÄN
KUOLEMAN JA SYNNYTYKSEN HETKINÄ
— HÄN ON AINA UUDEN EDESSÄ.

Joskus on tärkeämpää päästää toinen lähtemään, kuin pakottaa hänet jäämään.

Någon gång är det viktigare att låta den andra gå än att tvinga hen att stanna.

Sometimes it's more important to let someone go than to force them to stay.

Manchmal ist es wichtiger, jemanden gehen zu lassen, als ihn zum Bleiben zu zwingen.

Joskus on tärkeäpää
päästää toinen lähtemään,
kun pakottaa hänet
jäämään.

Hautaamalla ongelmia miinoitat maaperän, jolla elät elämääsi.

Genom att begrava problem underminerar du marken du lever på.

By burying problems, you are laying mines in the soil on which you live your life.

Wenn man Probleme vergräbt, legt man Minen in den Boden, auf dem man sein Leben lebt.

HAUTAAMALLA ONGELMIA
MIINOITAT MAAPERÄN
JOLLA ELÄT ELÄMÄÄSI

Keskity elämässäsi ihmisiin, jotka kaipaavat seuraasi aina, eivätkä vain silloin, kun tarvitsevat jotain.

Koncentrera dig i ditt liv på människor som saknar ditt sällskap alltid, inte bara när de behöver någonting.

Focus your life on the people who need your company all the time, not just when they need something.

Konzentriere dich auf die Menschen, die deine Nähe immer suchen, nicht nur, wenn sie etwas brauchen.

Keskity elämässäsi ihmisiin jotka kaipaavat seuraasi aina, eivätkä vain silloin, kun tarvitsevat jotain.

Voit olla lohduttaja tai lohdutettava, mutta suru vastaanotetaan ja hyvästellään yksin eikä surun matkan pituus ole kenenkään päätettävissä.

Du kan vara tröstare eller tröstad men sorgen bemöts och tas avsked av ensam och längden av sorgens väg kan ingen bestämma.

You can be the giver of comfort or the recipient of comfort, but grief is met and farewelled alone, and the length of the mourning journey is not for anybody to determine.

Man kann Trost spenden oder Trost empfangen, aber der Trauer begegnet man allein und von ihr verabschiedet man sich allein, und die Dauer der Trauerzeit kann niemand bestimmen.

Voit olla lohduttaja tai lohdutettava, mutta suru vastaanotetaan ja hyvästellään yksin eikä surun matkan pituus ole kenenkään päätettävissä.

Me tulemme tänne heidän jälkeensä ja he tulevat meidän jälkeemme. Hetki, jonka jaamme ennen vaihtoa - yhteinen aika - sitä tulemme kaipaamaan eniten.

Vi kommer hit efter dem och de kommer efter oss. Stunden som vi delar före bytet - gemensamma tiden - kommer vi att sakna mest.

We come here after them and they come after us. The moment we share before the transition - the time we spend together - is what we will miss most.

Wir kommen nach ihnen hierher und sie kommen nach uns. Den Moment, den wir vor dem Übergang teilen - die gemeinsame Zeit - werden wir am meisten vermissen.

"Me tulemme tänne heidän jälkeensä ja he tulevat meidän jälkeemme. Hetki jonka jaamme ennen vaihtoa – yhteinen aika – sitä tulemme – kaipaamaan eniten."

Milton Keynes UK
Ingram Content Group UK Ltd.
UKHW042200141124
2859UKWH00005B/104